AF498257

HISTOIRE
VERITABLE,

DV GEANT THEVTOBOCVS, ROY
des Theutons, Cimbres & Ambrosins,

Deffait par Marius, Conful Romain, cent cinq ans auant la venuë de noftre Sauueur,

Lequel fuft enterré aupres du Chafteau nommé Chau-mon, maintenant Langon, proche la ville de Romans en Daulphiné, auquel lieu on a trouué fa tumbe,

Sur laquelle y auoit vne pierre, où eftoit efcrit en lettre Romaine,
Theutobocus Rex.

Ses os fe voyent en cefte ville, auec grande admiration d'vn chacun.

La defcouuerte de ladite tumbe s'eft faicte au mois de Ianuier dernier, en vn lieu qu'on nomme d'ancienneté le Terroir du Geant.

A PARIS,

Par Fleury Bourriquant, en l'Ifle du Palais, ruë traverfante aux Fleurs Royalles.

AVEC PERMISSION.

HISTOIRE
VERITABLE DV
Geant Theutobocus.

Ntre tous les effects que ceste
grande Mere & ouuriere de
toutes choses, Nature, a iamais
produict en ce bas Vniuers,
l'énorme grandeur de certai-
nes personnes (vulgairement appellées
Geants) a tousiours tenu le plus hault rang
& degré sur le theatre des merueilles; tesmoins en sont les sainctes Escritures, en la
destruction de ceste tour de confusion; ie
dis la tour de Babel : tesmoins les Poëtes
en leurs Gigantomachies: tesmoin l'admiration, auec laquelle les historiens vont
descriuant ces estrãges Colosses : tesmoin
en fin l'ethimologie de leur nom de Geãt,
qui ne veut dire autre chose que fils de la
terre, comme s'il n'eust pas esté au pouuoir
des hommes de les engendrer: ce qui fait
dire à Iuuenal,

A ij

Satyr. 4.

Inde sit vt malim fraterculus esse gigantum,

C'est à dire

De là prouient que i'aymerois mieux estre pe-tit frere de Geants.

Voulant exprimer vne face obscure & in-cognuë, comme n'ayant esté produite que de la terre : Et qui plus est, ceux qui n'ont point voulu ramper si bas, ont bien osé as-seurer que leurs progeniteurs n'auoient esté autres que les Genies & Démons, comme si ceste generation estoit impossi-ble aux hommes, & comme si la Nature n'auoit autre remede pour esleuer si haut ces estranges Colosses. N'est-il bien vray-semblable, que ceste grande Architecture ne leur aye peu fournir vne extréme cha-leur & humeur tout ensemble ; vrais in-struments & vrayes causes de ceste enor-me grandeur, & par ce moyen mettre en practique l'actiome,

Operatur natura quantum & quandiu potest,
Ab extremis ad extrema, Natura enim in suis
operationibus non facit saltum?

C'est à dire

La Nature opere, entant & combien elle peut, mais sans saulter d'vne extremité à l'autre, parce qu'en ses ouurages la Nature ne faict de sault.

Il est donc vray qu'il y peut auoir eu des
Geants sur la terre, & qu'ils ont peu auoir
pour progeniteurs des hommes, non seu-
lement deuant le deluge, ains long temps
apres. Et à ce propos le docte S. Augu-
stin va racontant, qu'vn peu auparauant la
ruïne que firent les Gots, il y eust à Rom-
vne femme de la grandeur d'vn Geant, les
parens de laquelle n'outrepassoient point
la mesure cõmune de la stature des autres
hommes. Et de faict, d'où auroit esté engé-
dré vn Goliath? De quel Ciel seroit tõbó
Og, Roy de Basan ; le premier estãt grand
de six coudees & vne palme, selon Samuel?
& le lict du second, qui estoit de fer, ayant
neuf coudées de longueur? La coudée, selon la supputatiõ des Grecs, estant de deux
pieds, & selon les Latins d'vn pied & de-
my. Dauantage, ne vois-ie pas les Israëlites
ne sembler que sauterelles à comparaison
des Amachins? N'entens-ie pas toute l'antiquité proclamer contre ceux, qui d'vne
arrogance plus que terrestre, osent nier a-
uoir iamais marché sur la terre des hommes de telle grandeur? Et en premier lieu,
Plutarque la vie & l'ame de l'antiquité
recite que Sertorius estant entré en la ville de Tinglen, en laquelle (selon les Ly-

Plutarque en la vie de Serto-rius 3.

biens) il auoit ouy dire que le corps d'A-
thenes estoit; çe que ne pouuant croire,
pour la grandeur de la sepulture, le fit des-
couurir & ouurir : & y ayant trouué vn
corps d'homme de trente coudées de lõg,
en demeura grandement esmerueillé : &
apres auoir immolé dessus vne hostie, fit
recouurir & refermer le tumbeau. Pline
curieux, en la recherche des choses natu-
relles, nous en presentera le second, disant
qu'en Crete (maintenãt nommée Candie)
vn grand terre-tremble estant excité, &
vne montagne abbatuë & renuersée, on
trouua le corps d'vn homme, droit, estant
de 46. coudées, lequel quelques-vns ont
voulu dire estre le corps d'Orion, les autres d'Othion. Philostrate en ses Heroi-
ques nous en va descriuant trois, en sem-
blable grandeur pour le moins, non de
moindre admiration : Le test de la teste
d'vn desquels il raconte, n'auoir peu rem-
plir de vin auec 72. pintes candiotes.
Quelques-vns en ont voulu descrire, disant, que l'vn estoit de la hauteur de 30.
coudées, le second de 22. & le troisiesme
de douze : mais d'autant qu'il ne va expri-
mant que la grandeur de celuy qui fust
trouué en l'Isle de Cos, qu'il dit estre de

18. pieds, ne faifant aucune mention de la haulteur de celuy de Lemnos, trouué par Menocrates, ny auffi de celuy qui fut defcouuert en l'Ifle d'Imbros, n'ayant deliberé d'apporter icy que les chofes plus auerées ; ie me contenteray feulement de demeurer auec Philoftrate. En fin les Hiftoriens nous en produifent vne infinité d'autres, comme celuy qui fut trouué en Cicile de 40. pieds : comme le corps d'Oreftes, tiré hors par le commandement de l'Oracle, eftant de fept coudées : comme celuy duquel il y a encor quelques offements à Valence : comme cefte femme de Cilicie, que defcrit Zonatas en la vie de l'Empereur Iuftin Thracian, qui en hauteur furpaffoit plus que d'vne coudée les plus grands hommes que l'on luy euft peu prefenter : comme en fin vn des deux Maximiens Empereurs, lequel au rapport de Iulius Capitolinus en fa vie, felõ Cordus, fe feruoit du braffelet de fa femme pour anneau ; tiroit & comme rauiffoit apres foy les carroffes & charrettes chargées, brifoit & puluerifoit entre fes doigts la pierre nommée thopafe ; mangeoit 40. & 60. liures de chair, beuuoit vne certaine mefure nommée amphora Capitolina

qui veut autant à dire, que la huictiesme
partie d'vn muids ; & lássoit 15. 20. & 30.
soldats, & à la luicte en renuersoit dix en
vn corps : bref exerçoit vne infinité d'autres actes, qui ne peuuent signifier en luy
qu'vne estrange grandeur. Ie n'aurois iamais faict, & me perdrois au desnombre-
mét de ces énormes Colosses, si ie voulois
rechercher tout ce que l'histoire (memoi-
re du temps) nous en a laissé : mais ie ne
veux passer soubs silence, à sçauoir, combien grande deuoit estre la force de Turnus, quand il jetta ceste pierre contre Æ-
née, de laquelle Virgile au douziesme liure de l'Æneïde, dit, que douze hommes
de front s'y pouuoient coucher, dont il en
parle par ces vers,

Saxum immane ingens, campo qui forte iacebat
Limes agro positus, litem vt discerneret aruis :
Vix illud lecti bis sex ceruice subirent,
Qualia nunc hominum producit corpora tellus,
Ille manu raptum trepida torquebat in hostem.

C'est à dire,

C'estoit vne grosse pierre en forme de rocher,
au milieu d'vn champ, pour là seruir de borne,
que douze hommes à toute force n'eussent peu
esbranler ; Turnus la leua d'vne main, pour la
ietter à son ennemy.

Mais

Mais pourquoy prens-ie tant de peine à
vous reprefenter deuant les yeux ces grãds
corps, comme par vne image, puis que Mõ-
fieur de Langon (gentil-homme Dauphi-
nois) en a defcouuert vn reel & naturel
fur fes terres, que toute la France a deuant
les yeux? Vn dy-ie, finon grand de 60. coudées, comme vn Antheus ; finon de 46.
comme vn Orion & autres, neantmoins
ne peut que rauir de grande admiration
ceux qui aurõt ce bon-heur que de le voir:
finon, à tout le moins les principaux offe-
mens, qui par leur grandeur le nous repre-
fentent, & font iuger à l'œil pour le moins
de la grandeur de 25. pieds : l'os de la cuif-
fe & de la iambe, deuant qu'eftre aucunement rompus, conioincts enfemble, venãs
iufques à la grandeur de neuf pieds, quoy
que defnué & de ioinctures du pied, &
femblables autres chofes. Mais ne nous
enquerons pas feulement quelle eft fa grã-
deur, cerchons ce qui pourra eftre dit de
fon nom : outre qu'il s'eft trouué fur fa
tumbe le nom de Theutobocus, Flore le
vous enfeignera en fon 3. liure, chap. 3. de
la guerre des Cimbres, Theutons, & Tigurins, defcriuant fon eftrange grandeur, en
ce qu'il eftoit éminent de beaucoup par-

Les Tro-/phées e-/stoient eri-/gez à vn/des plus/grands ar-/bres qu'ils/trouuoient

dessus les trophées, & qu'il passoit par-des-
sus 4. & 6. cheuaux. Voicy ce qu'il en dit,
*Certè Rex ipse Theutobocus quater nos senósque
equos transilire solitus, vix vnum cum fugeret
ascendit, proximóque in saltu comprehensus
insigne spectaculum triumphi fuit, quippè vir
proceritatis eximiæ super trophea ipsa eminen-
bat.*

Ie sçay/bien qu'il/y en aura qui voudront dire que ce passage se doit entendre, Qu'il menoit apres soy
quatre & six cheuaux, pour changer de l'vn à l'autre : mais la grandeur du
personnage au respect des cheuaux renuerse du tout ce doute.

Mais à celle fin de rechercher l'histoire
vn peu plus hault, l'on peut sçauoir que
l'an 642. de la ville de Rome bastie, & le
105. deuant l'Incarnation de nostre Sauueur, les Cimbres, Teutons, Tigurins, &
Ambrosins, quittans leurs païs, soit pour
le rauage d'eaux, que de la mer Occeane
par son exondation, auoient faict, comme
veut Florus, soit par la resolution de ren-
uerser & destruire du tout l'Empire Romain, comme dit Orosius, ou à autre fin
& intention, ayant faict & composé vne
grande & grosse armee, vindrent attaquer
le camp de Marius, posé non gueres loing
de la conionction du Rhosne & de Lyse-
re, & apres auoir côbattu quelques iours,
ayant faict trois trouppes, quelques-vns
prindrent le chemin de l'Italie, & donne-

Lib. 5. ca./16./Itaque/Marius/quartum/Consul/cum iux-/ta Isaræ/Rhodani/que flu-/mina vbi

II

rent loifir à Marius de changer fon camp, & le loger en vn lieu plus auantageux, le campant fur vne petite couline éminente fur les ennemis ; ce qu'ayant faict, & eftât venu aux mains, la victoire eftant demeurée neutre iufques à midy, en fin la chance fe tourna fur les Tigurins & Ambrofins : de telle façon qu'à grand' peine s'en eftant fauué trois mille, il en demeura fur le châp deux cents mille armés, & quatre-vingts mille prifonniers, entre lefquels leur Roy Theutobocus rendit le trophée infigne par fa mort. Les femmes d'ailleurs, n'ayant peu obtenir la demande faicte à Marius, qui confiftoit en la liberté, & au moyen de pouuoir feruir à leurs dieux, apres auoir donné de leurs enfans contre les murailles, vne partie s'entretuerent par enfemble, l'autre partie fe pendirent, ayant faict des cordes de leurs cheueux : & voila ce qu'en dit Orofe, au lieu fus-allegué. Ie fçay bien que quelques-vns, foubs l'authorité de Plutarque & Florus, m'objecterôt que Marius défit ces troupes à Aix & à Marfeille, & que mefmes les Marfiliens fermerent leurs vignes d'hayes, faictes des os des morts, tant fuft grâde la defconfiture : Mais à cela, le grand nombre de gens, du-

in fe con-
fluunt ca-
ftra po-
fuiffet,
&c.
Orofius
lib. 5. cap.
16. hifto-
riæ aduer
fus paga-
nos.

orof. dit
Theuto-
bodus,
mais la fau-
te eft en
l'impreffiô

Florus li.
3. cap. 3.
Plutarque
en la vie
de Marius.

quel eſtoit compoſée ceſte armée, fait voir
clairemēt, que Marius ne les défit pas tous
à vne fois : outre, que puis que nous auons
deſ-ja dit, qu'ils ſe deſpartirent en trois
trouppes, l'vne prenant le chemin de l'Italie, l'autre tenant de pres Marius ; il eſt
probable que la troiſieſme fuſt celle là que
Plutarque dit auoir eſté deffaicte à Aix &
à Marſeille : & quoy que Florus confonde
la mort de Theutobocus, auec la deffaicte
que ledit Marius fit à Aix, neantmoins tāt
parce que ceux-cy eſtoient vrayement de
ſes gens, & pour l'authorité d'Oroſe, que
d'autant que nous trouuons la grandeur
ſpecifiée par Florus, l'on ne peut que l'on
ne concede noſtre Geant eſtre le vray
Theutobocus. Et combien que nous n'a-
uons pas ceſte preuue qu'ils ayent eſté def-
faits proche du Chaſteau de Chaumon,
dit maintenant Langon ; nonobſtant les
medailles qui ſe ſont trouuées dans ſa
tumbe, & outre que le nom de Marius y eſt
demonſtré par vne ſemblable figure : Si eſt-
ce qu'à cauſe de la reſſemblan-
ce qu'elles ont auec celles de
l'Amphiteatre d'Orange, dit
de Marius, tout ſoupçon eſt
oſté à ceux qui ſeront ſi opinia

ſtres, que de n'en vouloir rien croire; ſi toutesfois il y peut auoir de ces Geants encor en ce temps, (ie veux dire des cœurs & iugemens ſi terreſtres.) Puis donc qu'il conſte aſſez ſuffiſamment de ſon nom, parlons plus particulierement de quelques autres parties de ſon corps, & accompliſſons la Prophetie de Virgile,

Grandiaꝗ, foſſis mirabitur oſſa ſepulchris.   Æneid. II.

C'eſt à dire,

Le monde s'eſmerueille de voir de ſi grands os tirez des monumens & ſepulchres.

Et entre autres nous parlerons des dents, deſquelles tãt s'en faut que nous en diſiõs ce que dit le docte S. Auguſtin, de la dent qu'il veit au bord de la mer de la Cité d'V-   Lib. 15. c. 5. de la Cité de Dieu. tique, laquelle on pouuoit iuger eſtre cent fois plus grande que chacune des dents de noſtre aage : & au contraire, i'oſeray doubler le nombre en la moindre de celles de noſtre Theutobocus, leſquelles ſe voyent & reſſemblent entierement en forme & en grandeur le pied d'vn Taureau de vingt mois. Que ſi l'on peut iuger du Lyon par l'ongle, ie vous laiſſe à penſer quelle gorge de four il deuoit auoir. Et afin de n'eſtre plus long, laiſſant la deſcription d'vne partie d'vne coſte & de l'eſpaule, & ſembla-

bles autres offements que l'on pourra faci-
lement voir; ie parleray feulement de l'ef-
peffeur des vertebres de l'épine du dos, par
la dimenfion defquelles l'on peut fçauoir
au vray combien eftoit hault efleué noftre
grand corps: & ie croy qu'il n'y a perfonne
qui eftant tant foit peu entendu en ces
chofes, ne le iuge furpaffer 25. pieds, vne
chacune des vertebres eftant plus efpeffe
de beaucoup, que la grandeur de la tierce
partie d'vn pied, voire approchant le demi
pied, deuant qu'eftre rompuës. Ie laiffe
maintenant au Lecteur à faire la fupputa-
tion, y ayant vingt-quatre vertebres, quatre de l'os facrum, outre les trois de la
queuë, dictes fimilitudinaires : & ie m'af-
feure, & ofe encor bien dire cela, qu'on
trouuera qu'il ne dement aucunement fa
tumbe, qu'on a trouué grande de trente
pieds. Voila ce que felon mon incapacité
ie vous ay peu dire de Theutobocus, Roy,
(finon du tout) aumoins d'vne partie des
Tigurins, Cimbres, Theutons & Ambrofins, trouué cefte prefente année 1613. par
les maffons du fieur de Langon, en tirat du
fable pour baftir, pres les mazures du Chafteau autresfois nommé Chaumon, maintenant Langon, enuiron 17. & 18. pieds

dans terre, dedans vn tumbeau de brique, 297
de la longueur de 30. pieds de long, 12. de
large, & 8. de hault : fur lequel tumbeau
eftoit efcript en lettre Romaine (en vne
pierre grife, reffemblant à du marbre grix,
fort dure & folide) THEVTOBOCVS
REX. Le tout eft à la plus grande gloire
de Dieu, & à l'honneur du fieur de Langon.

Par fon tres-humble feruiteur,

IACQVES TISSOT.

Tigurins, font ceux de Bafle en Suiffe.
Ambrofins, qui font proche de la mer Occeane.